P

comme Provence

Hors Collection

Direction artistique : Isabelle Enocq
Sauf mention contraire en fin d'ouvrage,
les illustrations sont du domaine public.

www.editionsdelaube.com

ISBN 978-2-8159-3684-2

P
comme Provence

Textes choisis et réunis
par Julie Maillard

éditions de l'aube

À mes grands-parents, Jean et France
Julie Maillard

A

comme...

... Aix-en-Provence

La ville, sans en excepter aucune maison, est bâtie de pierres de taille ; le quartier des marchands est bien peuplé et me parut assez commerçant ; celui des gens de condition, qui tient une grande partie de la ville, est tout magnifiquement bâti ; la plupart des maisons élevées, ornées d'architecture et construites à l'italienne, avec des façades sur la rue ; presque toutes les rues sont larges, tirées au cordeau, remplies de belles fontaines ; on trouve à tout moment de petites places où l'on a planté des arbres pour donner de l'ombre ; enfin cette ville est tout à fait jolie, et la plus jolie de France après Paris.

Charles de Brosses,
dit « le président de Brosses »
Lettres familières écrites d'Italie
à quelques amis en 1739 et 1740.

... Anchois

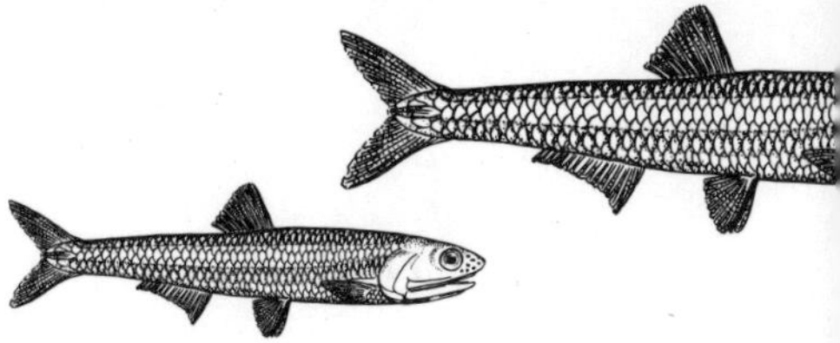

Poisson de mer plus petit que le doigt, sans écailles et qui a la tête grosse, les yeux larges et noirs, la gueule très grande, le corps argenté et le dos rond. On le trouve abondamment sur les côtes de Provence, et c'est de là qu'il nous arrive confit ou mariné. La chair d'anchois a une saveur délicate, on la fait griller et elle est de facile digestion. On la confit aussi avec du vinaigre et du sel, ce qui forme une saumure dans laquelle on le conserve. L'anchois conservé ne figure sur nos tables que pour hors-d'œuvre, ou il ne s'emploie que comme assaisonnement. Il doit à sa nature et à sa préparation une propriété excitante qui facilite la digestion quand on en use modérément. C'est avec les anchois qu'on farcit les olives, il entrait dans la préparation du *garum*[1] des Romains. On pêche pendant la nuit ce poisson sur les côtes occidentales de l'Italie, de la France et de l'Espagne.

Alexandre Dumas, *Grand dictionnaire de cuisine,* 1873.

---

1. Sauce à base de poisson.

... Arles

Arles est La Mecque des archéologues français : c'est la cité antique par excellence. Des monuments romains forment le sol, et autour d'eux, à leurs pieds, à leur ombre, dans leurs crevasses, a poussé, l'on ne sait comment, par la force végétative de la civilisation religieuse de saint Louis, une seconde ville gothique, qui à son tour a donné naissance à des maisons qui, tant bien que mal, ont formé la ville moderne. Au premier aspect, ce sont ces deux dernières que l'on aperçoit ; mais l'œil interroge-t-il les fondations, fouille-t-il les ruelles, réunit-il les débris, c'est la ville romaine qui reparaît, avec son théâtre, son cirque, son prétoire, ses thermes, son forum, le palais de ses empereurs, son autel de la Bonne Déesse et son temple de Jupiter Olympien. Le squelette du géant a été mal enseveli, et de tous côtés ses ossements percent la terre.

Alexandre Dumas, *Le Midi de la France,*
in Nouvelles impressions de voyage, 1841.

B

comme...

... Bouillabaisse

La bouillabaisse,
c'est du poisson
avec du soleil.

Alfred Capus, *Les Pensées.*

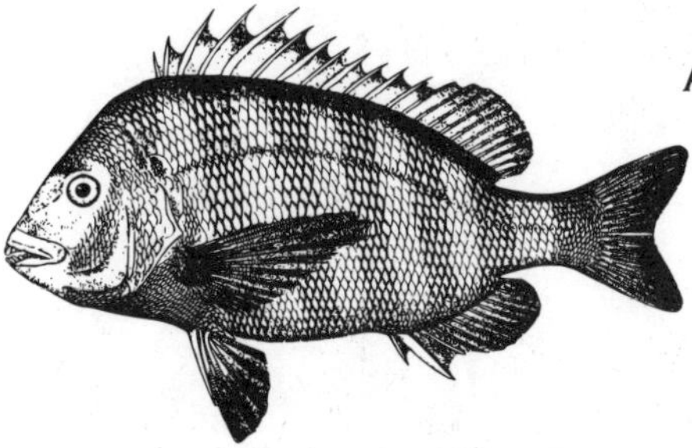

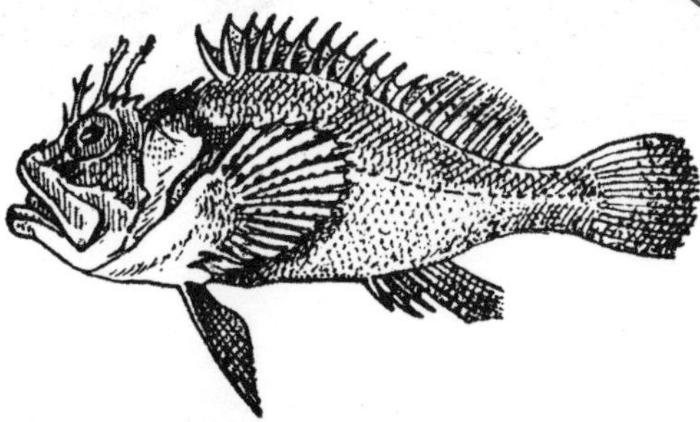

C

comme...

... Calanque

C'est une calanque connue des pêcheurs, où, pendant que la vague mugit ou écume au-dehors en ébranlant de son choc les flancs de la côte, les plus petites barques sont à l'abri ; on y aperçoit à peine ce léger bouillonnement d'une source qui tombe dans une nappe d'eau. La mer y conserve cette belle couleur d'un jaune verdâtre et moiré, que voit si bien l'œil des peintres de marine, mais qu'ils ne peuvent jamais rendre exactement, car l'œil voit plus que la main ne peut imiter.

Pendant que la vague écume au-dehors, les plus petites barques sont à l'abri...

Alphonse de Lamartine, *Voyage en Orient,* 1835.

... Camargue

Bientôt la campagne de la Provence, qui avait été jusqu'alors couverte de cultures et où on apercevait le feuillage gris des oliviers, devint stérile, sans herbe et sans arbres. Les enfants étaient entrés dans les plaines de la Crau, puis de la Camargue, desséchées par le souffle du mistral, couvertes de cailloux, et qui ressemblent à un désert de l'Afrique transporté dans notre France. Là paissent en liberté de nombreux troupeaux de bœufs noirs et de chevaux demi-sauvages, semblables aux chevaux arabes.

G. Bruno, *Le tour de la France par deux enfants*, 1877.

... La Canebière

Si Paris avait la Canebière,
Paris serait un petit Marseille.

Alexandre Dumas, *Le Comte de Monte-Cristo*, 1844-1846.

... La Canebière

Il est de certaines rues qui jouissent à la fois d'une atmosphère qui leur est propre, d'une sorte de renommée universelle et de l'affection particulière des habitants de la ville. La Canebière est une de ces rues. Pour moi, la Canebière était une rue qui menait vers l'inconnu.

Joseph Conrad, *La Flèche d'or*
(*The Arrow of Gold)*, 1919.

... Couleurs

J'ai une fièvre de travail extraordinaire ces jours-ci, actuellement je suis aux prises avec un paysage à ciel bleu au-dessus d'une immense vigne verte pourpre jaune, à sarments noirs et orangés.
Des figurines de dames à ombrelles rouges, des figurines de vendangeurs avec leur charrette l'égayent encore.

Vincent Van Gogh, *Lettre à Paul Gauguin*, Arles, 3 octobre 1888.

… Cigale

Je suis l'insecte aimé du poète et des dieux.

Jean Aicard, « La Cigale », *Poèmes de Provence*, 1874.

… Cigale

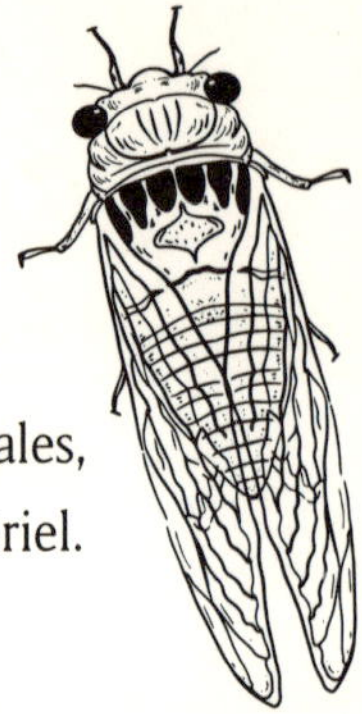

Juste au-dessus de nous vibrait solitaire un chant de cigales, un chant qui était aussi un cri : étrange, comme immatériel.
« Ça, fit Peu-Parle, c'est une cigale qui meurt. »
Et gravement il ajouta :
« Le soleil fait chanter les cigales, mais, avant de mourir, elles chantent une dernière fois au clair de lune, parce que la lune, c'est le soleil des morts. »
À cette idée de mort, j'éclatai en sanglots.
« Il faut être fou, un grand garçon, de pleurer pour une cigale ! »
Et, me soulevant dans ses mains rudes :
« Regarde bien, elle doit être là, sous le gros nœud, collée à l'écorce. »
Elle était là, en effet ; je voyais ses ailes transparentes et son corselet brun poudré d'or.

Paul Arène, « La mort des cigales », *Contes de Provence*, 1887.

… Climat

Ce beau climat de la Provence serait froid si un soleil torride ne venait le réchauffer.

Adolphe Thiers, *Histoire du Consulat et de l'Empire faisant suite à l'histoire de la Révolution française*, 1845-1862 (20 volumes).

… Côte d'Azur

Quand il descend de la station de Garavan, quelle que soit la saison qui le voit venir en ce pays enchanté, le voyageur peut se croire parvenu en ce jardin des Hespérides dont les pommes d'or excitèrent les convoitises du vainqueur du monstre de Némée. Je n'aurais peut-être point cependant, – à l'occasion des innombrables citronniers et orangers qui, dans l'air embaumé, laissent pendre, au long des sentiers, par-dessus les clôtures, leurs grappes de soleil, – je n'aurais peut-être point évoqué le souvenir suranné du fils de Jupiter et d'Alcmène si, tout, ici, ne rappelait sa gloire mythologique et sa promenade fabuleuse à la plus douce des rives. On raconte bien que les Phéniciens, en transportant leurs pénates à l'ombre du rocher que devaient habiter un jour les Grimaldi, donnèrent au petit port qu'il abrite et, tout le long de la côte, à un mont, à un cap, à une presqu'île, qui l'ont conservé, ce nom d'Hercule, qui était celui de leur dieu ; mais, moi, j'imagine que, ce nom, ils l'y trouvèrent déjà et que si, en vérité, les divinités, fatiguées de la poussière blonde des chemins de l'Hellade, s'en furent chercher ailleurs un merveilleux séjour, tiède et parfumé, pour s'y reposer de leurs aventures, elles n'en ont point trouvé de plus beau que celui-là. Ce furent les premiers touristes de la Riviera. Le jardin des Hespérides n'était pas ailleurs, et Hercule avait préparé la place à ses camarades de l'Olympe en les débarrassant de ce méchant dragon à cent têtes qui voulait conserver la Côte d'Azur pour lui tout seul.

Gaston Leroux, *Le Parfum de la dame en noir*, 1908.

... Croisette

Des princes, des princes, partout des princes ! Ceux qui aiment les princes sont heureux.
À peine eus-je mis le pied, hier matin, sur la promenade de la Croisette, que j'en rencontrai trois, l'un derrière l'autre. Dans notre pays démocratique, Cannes est devenue la ville des titres.

Guy de Maupassant, *Sur l'eau*, 1876.

D

comme…

… Daube

« Une daube ! Comment donc ? Le nom seul me met l'eau à la bouche.

– C'est un plat du Midi ; mon mari m'en a appris la recette, avec du vin, du lard, des épices… il paraît que je ne le réussis pas trop mal. »

Mon mari m'en a appris la recette, avec du vin, du lard, des épices… il paraît que je ne le réussis pas trop mal.

Madame Marc-Antoine se dirigea vers la cuisine attenante à la pièce qui, suivant la vieille coutume des campagnes, servait tout ensemble de salon et de salle à manger ; elle souleva le couvercle chargé de braise sous lequel, dans la cloche en fonte, le mets classique mijotait, et une chaude vapeur, odorante et blanche, l'enveloppa comme d'un nuage.

Paul Arène, *Les Ogresses*, 1891.

... Dîner

En province et surtout dans les bonnes villes du Midi, où l'on fait excellente chère, un grand dîner est une affaire d'État. On en parle trois mois d'avance et la digestion en dure six semaines.

Alexandre Balthazar Laurent Grimod de la Reynière,
Almanach des Gourmands, 1803-1810.

E

comme…

... Excès

Que vous êtes excessifs en Provence !
Tout est extrême, vos chaleurs, vos sereins,
vos bises... il n'y a rien de doux ni de tempéré.

Marquise de Sévigné, *Lettre du 1er novembre 1679.*

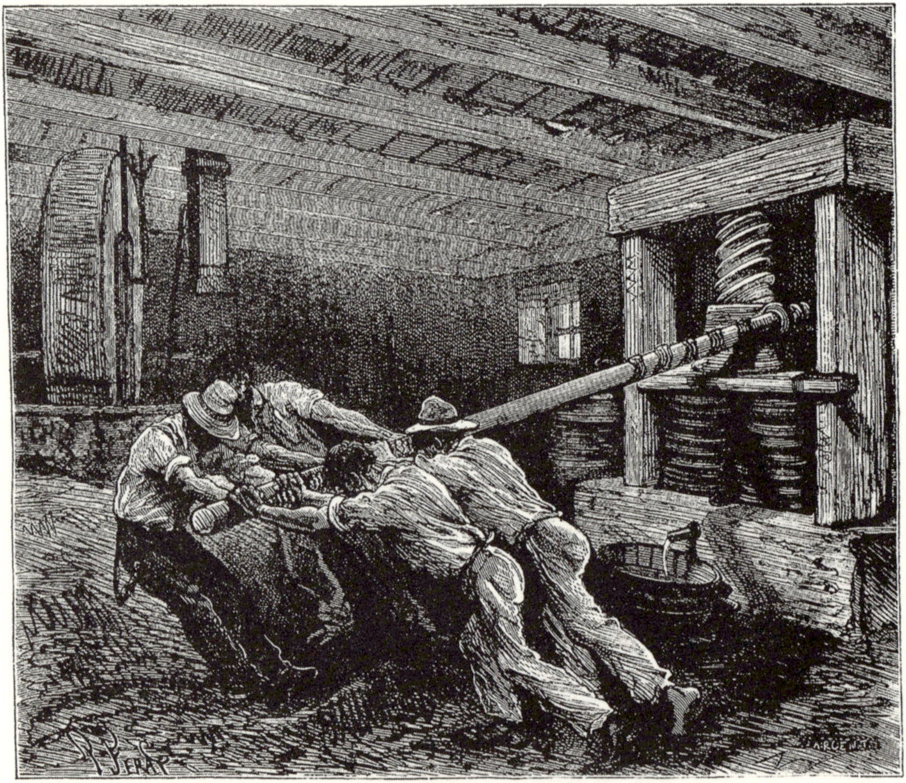

H

comme…

... Hiver

Quoique le sol fût gelé le matin, le soleil était aussi chaud qu'au mois de mai en Angleterre ; la mer était calme et la plage faite de galets blancs et lisses. À main gauche, la campagne était couverte d'oliviers verdoyants et le bord de la route plantée de grands myrtes sauvages comme les aubépines en Angleterre.

Tobias Smollett, *Voyages à travers la France et l'Italie (Travels through France and Italy)*, 1766.

... Huile d'olive

Le temps qui devient froid et la mer qui déferle,
Tout me dit que l'hiver est arrivé pour moi
Et qu'il faut, sans retard, amassant mes olives,
En offrir l'huile vierge à l'autel du bon Dieu.

Frédéric Mistral, *Les Olivades*, 1912.

I

comme...

... Îles de Lérins

On montre encore la chambre où le Masque de Fer fut détenu pendant dix-sept ans ; elle est grande, voûtée, et éclairée par une seule fenêtre. C'est peut-être le seul endroit de l'île qui soit sombre et frais ; à l'époque où nous la visitions nous pouvions apprécier cet avantage ; mais le contraste de cette obscurité avec l'éclatante lumière qui inonde la baie et le magnifique amphithéâtre des montagnes du Var, devait aggraver encore la tristesse du pauvre prisonnier.

Prosper Mérimée, *Notes d'un voyage dans le midi de la France*, 1835.

J comme...

... Jardins

La petite campagne qui s'étend sous mes yeux est toute cultivée comme un jardin ; d'ailleurs on ne voit dans la plaine que des jardins pleins d'arbres verdoyants, chargés d'oranges, de citrons, de cédrats et de bergamotes qui font un charmant tableau.

Des jardins pleins d'arbres verdoyants, chargés d'oranges, de citrons...

En s'approchant, on y trouve des carrés de petits pois bons à ramasser, toutes sortes de légumes magnifiques et des plates-bandes de roses, d'œillets, de renoncules, d'anémones et de jonquilles dans tout leur éclat et plus beaux, plus vigoureux et plus parfumés qu'aucune fleur jamais vue en Angleterre. Il faut que je vous dise que pendant l'hiver, on envoie des œillets jusqu'à Turin, à Paris et parfois même jusqu'à Londres, par la poste.

Tobias Smollett, *Voyages à travers la France et l'Italie (Travels through France and Italy)*, 1766.

L

comme...

... Lavande

Je songe au clair Midi que le soleil inonde,
Qu'embaument le muscat, la lavande
et le miel.

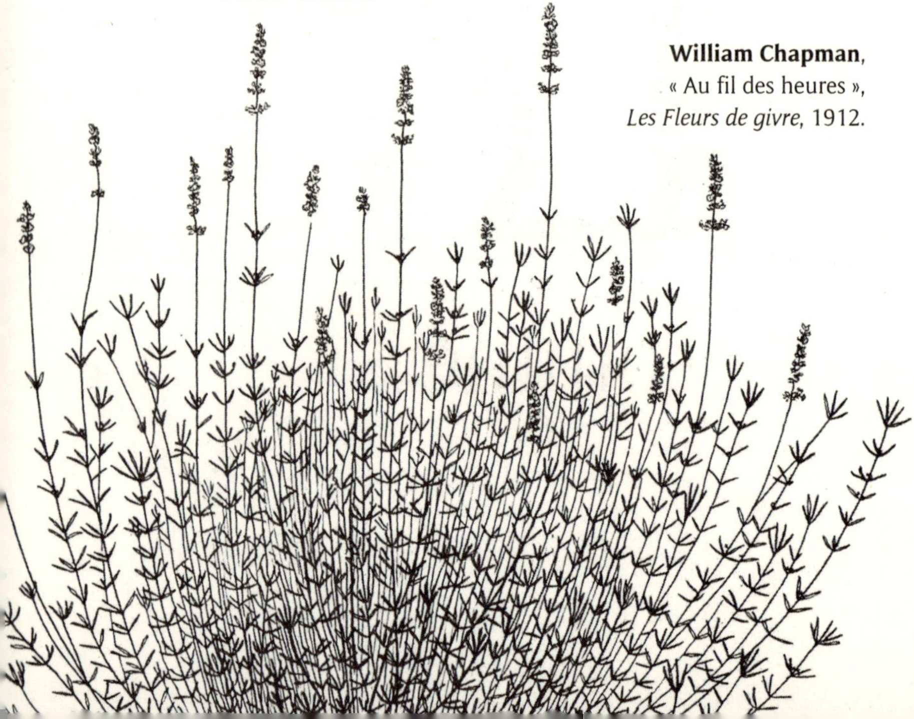

William Chapman,
« Au fil des heures »,
Les Fleurs de givre, 1912.

... Lézards

Le long des murailles, qui jettent des réverbérations de four, de petits lézards gris dorment, tandis que, du brasier des herbes roussies, des nuées de sauterelles s'envolent, avec un crépitement d'étincelles. Dans l'air immobile et lourd, dans la somnolence de midi, il n'y a d'autre vie que le chant monotone des cigales.

Émile Zola, *Naïs Micoulin et autres nouvelles*, 1884.

M

comme...

... Mal du pays

Ce Méridional, privé de soleil, exécrait Paris qu'il nommait une fabrique de rhumatismes.

Honoré de Balzac, *Les Comédiens sans le savoir*, 1846.

... Manade

Les manades, ou troupeaux de Camargue, vivent en liberté, taureaux et cavales, dans la vaste lande, sautant les fossés, pataugeant dans les marais, mâchant les herbes amères, buvant au Rhône, galopant, bondissant, se vautrant, hennissant et meuglant vers le soleil ou vers les mirages, secouant à grands coups de queue les nuées de mouïssanes attachées à leurs flancs, puis se couchant par groupes au bord des marais, les genoux repliés sous les lourds poitrails, las et somnolents, leurs yeux pleins de rêve vaguement fixés sur les horizons.

Jean Aicard, *Roi de Camargue*, 1890.

... Marché

Pendant que je déjeunais, le marché se tenait sous la fenêtre de l'auberge, dans une petite place, autour d'un grand arbre dont le tronc fait le dossier d'un banc de pierre circulaire. Hommes et femmes s'accostaient bruyamment avec tous ces gestes provençaux qui accentuent la moindre causerie. Les figues et les pastèques abondaient. De magnifiques poissons, amoncelés en pyramides, emplissaient les paniers de roseaux de toutes les couleurs de l'arc-en-ciel. Quelques enfants, à côté de moi, agaçaient gaîment un pauvre pince-pigne suspendu au mur dans une cage. Dans un coin de la place murmurait une vieille fontaine-vasque chargée à son sommet de *conferva rivularis*, dont les cheveux verts laissaient tomber goutte à goutte des perles d'eau étincelante. Tout cet ensemble était aimable et doux.

Victor Hugo, *En voyage,* 1890 (édition posthume).

... Marseille

Marseille palpite sous le gai soleil d'un jour d'été. Elle semble rire, avec ses grands cafés pavoisés, ses chevaux coiffés d'un chapeau de paille comme pour une mascarade, ses gens affairés et bruyants. Elle semble grise avec son accent qui chante par les rues, son accent que tout le monde fait sonner comme par défi. Ailleurs un Marseillais amuse, et paraît une sorte d'étranger, écorchant le français ; à Marseille, tous les Marseillais réunis donnent à l'accent une exagération qui prend les allures d'une farce. Tout le monde parle comme ça, c'est trop, tron de l'air ! Marseille au soleil transpire, comme une belle fille qui manquerait de soins, car elle sent l'ail, la gueuse, et mille choses encore. Elle sent les innombrables nourritures que grignotent les Nègres, les Turcs, les Grecs, les Italiens, les Maltais, les Espagnols, les Anglais, les Corses, et les Marseillais aussi, pécaïre, couchés, assis, roulés, vautrés sur les quais.

Guy de Maupassant, « La mer », *Au soleil*, 1884.

... Marseille

Marseille est une ville... dans son port tout hérissé d'une forêt de mâts, on trouve le Musulman, l'Indien, etc. Marseille est tout l'univers... elle a toujours été florissante...

André Chénier, « Marseille », *Élégies*, 1784.

... Mas

Pour aller au village, en descendant de mon moulin, on passe devant un *mas* bâti près de la route au fond d'une grande cour plantée de micocouliers. C'est la vraie maison du *ménager* de Provence, avec ses tuiles rouges, sa large façade brune irrégulièrement percée, puis tout en haut la girouette du grenier, la poulie pour hisser les meules, et quelques touffes de foin brun qui dépassent...

Un* mas *bâti près de la route au fond d'une grande cour plantée de micocouliers.

Alphonse Daudet, « L'Arlésienne »,
Lettres de mon moulin, 1866
(première édition).

… Méditerranée

C'est le lendemain en me réveillant, que j'ai aperçu la Méditerranée, toute couverte encore des vapeurs du matin qui montaient pompées par le soleil ; ses eaux azurées étaient étendues entre les parois grises des rochers de la baie avec un calme et une solennité antiques. Toute la côte qui descend jusqu'au rivage est couverte de bastides éparses dans la campagne, leurs volets étaient fermés et le jour les surprenait tout endormies entre les oliviers et les figuiers qui les entourent.

Gustave Flaubert, *Notes de voyages.*

... Méditerranée

La Méditerranée a une couleur comme les maquereaux, c'est-à-dire changeante, on ne sait pas toujours si c'est vert ou violet, on ne sait pas toujours si c'est bleu, car la seconde d'après le reflet changeant a pris une teinte rose ou grise.

Vincent Van Gogh, *Lettres à son frère Théo,* 1888.

... Menteur

L'homme du Midi ne ment pas,
il se trompe.
Il ne dit pas toujours la vérité,
mais il croit la dire.

Alphonse Daudet, *Tartarin de Tarascon*, 1872.

... Midi

Et c'est au Midi que la France doit l'essentiel de ses qualités : l'amour de l'art, le goût – et la gaieté, cette divine enfance du cœur. Elle lui doit aussi, je crois, dans le dernier siècle, au moins les trois quarts de ses grands poètes, pour ne rien dire de ses orateurs, depuis Gambetta jusqu'à monsieur Jaurès.

... ses grands orateurs, depuis Gambetta jusqu'à monsieur Jaurès.

Jules Fournier, *Mon encrier*, 1922 (édition posthume).

... Mimosa

Connaissez-vous la fleur légère
Bordant le flot bleu qui s'endort ?
On dirait que, sur la fougère,
Le soleil tombe en neige d'or.

Armand Silvestre,
Les Ailes d'or, 1890.

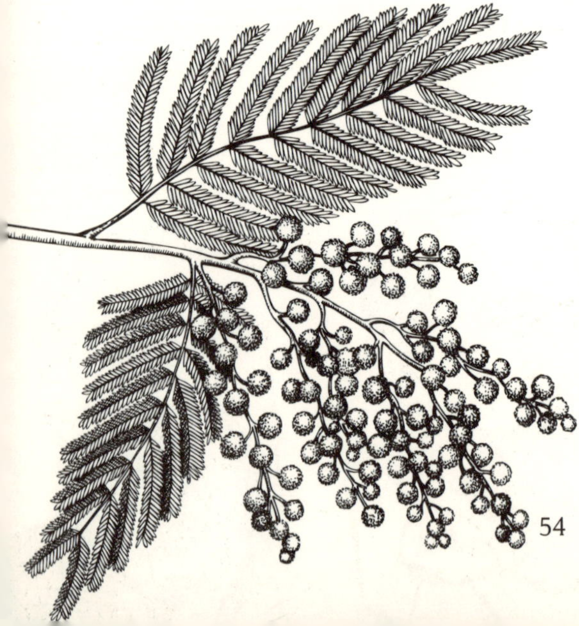

… Mistral

Soubdain la mer commença s'enfler et tumultuer du bas abysme : les fortes vagues battre les flans de nos vaisseaulx : le maistral, accompaigné d'un cole[1] effrené, de noires gruppades[2], de terribles sions[3], de mortelles bourrasques, siffler à travers nos antennes…

François Rabelais, *Pantagruel*, 1532.

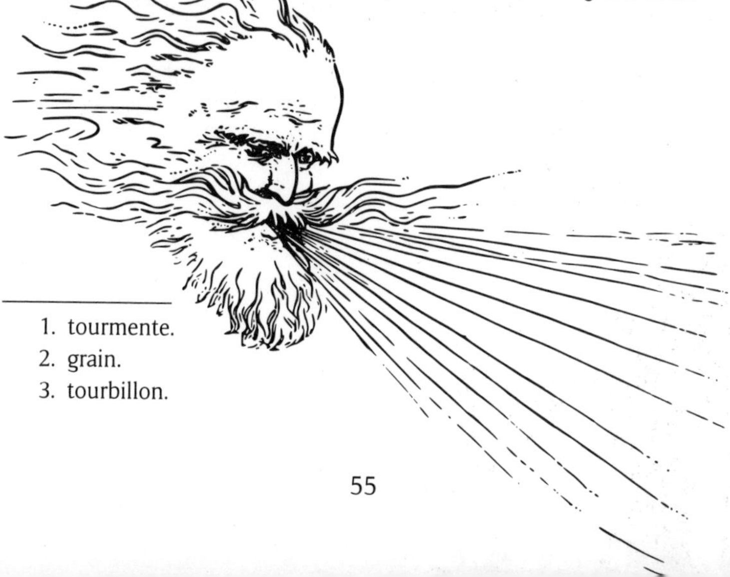

1. tourmente.
2. grain.
3. tourbillon.

... Mistral

Cette nuit je n'ai pas pu dormir. Le mistral était en colère, et les éclats de sa grande voix m'ont tenu éveillé jusqu'au matin. Balançant lourdement ses ailes mutilées qui sifflaient à la bise comme les agrès d'un navire, tout le moulin craquait. Des tuiles s'envolaient de sa toiture en déroute. Au loin, les pins serrés dont la colline est couverte s'agitaient et bruissaient dans l'ombre. On se serait cru en pleine mer...

Alphonse Daudet, « Le phare des Sanguinaires »,
Lettres de mon moulin, 1869.

... Monaco

À une demi-heure de Nice, Monaco, le dernier mauvais lieu d'Europe où il soit permis d'aller légalement perdre son argent ou celui des autres, quitte à se brûler la cervelle en sortant du Casino, comme cela se fait assez fréquemment.

Honoré Beaugrand, *Lettres de voyage,* 1889.

N

comme…

... Nice

Je n'ai rien trouvé de plus beau que cette colline inspirée, ni Capri, ni la radieuse baie de Salamine ne sauraient lui être comparées. J'ai trouvé ma ville, c'est Nice.

Hector Berlioz, *Mémoires*, 1870.

... Nuit

Mais le ciel reste, et la nuit tout est divin comme aux premiers jours. J'étais seul à dix heures du soir en allant de Marseille à Aix et je voyais, à droite, le ciel et la mer qui se continuaient l'un dans l'autre par un agrandissement extraordinaire de l'un et de l'autre, comme si, le soleil éteint, la terre fût tombée dans un monde sublime et inconnu. – Tout ce grand espace était d'un bleu tendre d'une douceur infinie, comme le velours du lit d'une jeune mariée. La lune montait et son ruissellement faisait sur l'azur une colonne tremblante de lumière. – Ce divin azur s'étendait à perte de vue et la lune, cheminant, le montrait peu à peu reposé, délicieux, comme les rideaux et les profondeurs chastes d'une silencieuse chambre nuptiale.

Hippolyte Taine, *Carnets de voyage : notes sur la province 1863-1865*, 1897 (édition posthume).

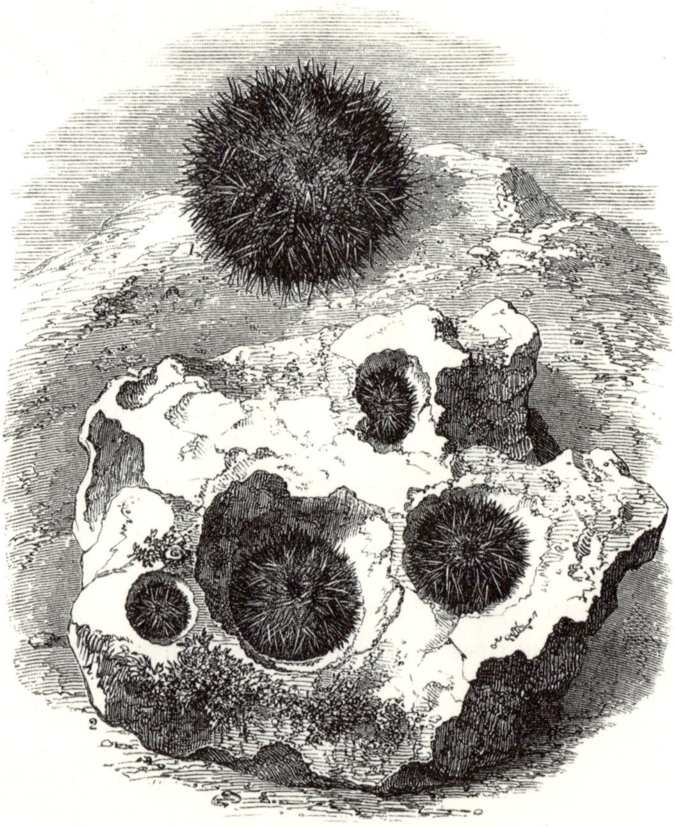
1
2

O

comme...

... Odeurs

La Provence odorante, et de Zéphyre aimée,
Respire sur les mers une haleine embaumée,
Au bord des flots couvrant, délicieux trésor,
L'orange et le citron de leur tunique d'or ;
Et plus loin, au penchant des collines pierreuses,
Forme la grasse olive aux liqueurs savoureuses,
Et ces réseaux légers, diaphanes habits,
Où la fraîche grenade enferme ses rubis.

André Chénier,
Hymne à la France, 1785.

... Olivier

Vu aux environs de Marseille, où on le maintient à l'état de jeune plant afin de pouvoir récolter les olives à la main, l'olivier est laid. C'est un petit arbre rond et rabougri qui semble toujours couvert de poussière et qui salit le paysage. Vers Antibes et Nice, l'olivier est un arbre magnifique. Là on l'abandonne à lui-même. Il pousse en haute futaie ; il a un tronc énorme, un branchage bizarre et irrité, un feuillage fin et soyeux qui, à distance, vu en touffes, ressemble à une fourrure de chinchilla. Il se pose dramatiquement sur la hanche comme le châtaignier, porte ses rameaux et ses fruits à bras tendu, et offre, comme le cèdre et le chêne, ce mélange de grâce et de majesté propre à tous les arbres qui ont le tronc large et la feuille petite.

Victor Hugo, *En voyage*, 1890
(édition posthume).

... Oranger

Oranger du Midi, fier de tes pommes d'or faux,
tu ressembles à nos arbres de Noël, mais plus riches
que toi, ils portent dans leurs branches des petites
bouteilles de liqueur.

Jules Renard,
Le Vigneron dans sa vigne, 1894.

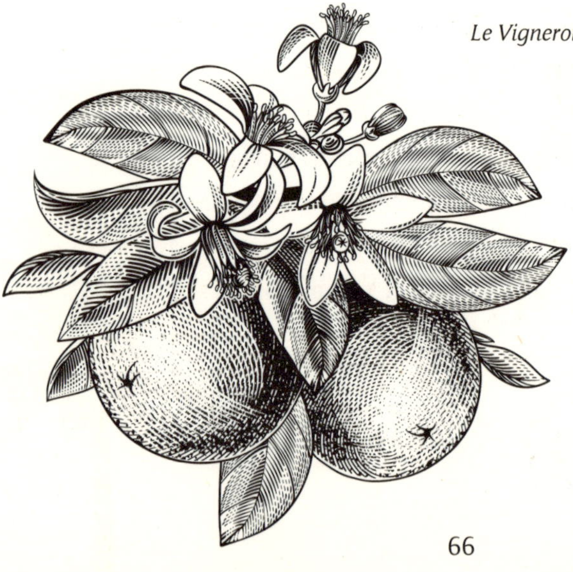

P

comme...

... Pêcheurs

Avec des airs empressés et entendus, comme pour lui porter secours, ils allaient vers une tartane échouée, qui se tenait immobile et tout de côté, au milieu des courtes petites lames bleues méditerranéennes, tandis que des pêcheurs, les jambes dans l'eau, demi-nus, s'agitaient alentour.

Pierre Loti, *Matelot*, 1892.

... des pêcheurs, les jambes dans l'eau, demi-nus, s'agitaient alentour.

... Pique-nique

La nappe est étalée sur un charmant tapis de plantes alpines, parmi lesquelles brille la paronyque à feuilles de serpolet, dont les larges et minces bractées ressemblent à des écailles d'argent. Les vivres sont tirés de leurs sacoches, les bouteilles exhumées de leur couche de foin. Ici, les pièces de résistance, les gigots bourrés d'ail et les piles de pain ; là, les fades poulets, qui amuseront un moment les molaires, quand sera apaisée la grosse faim ; non loin, à une place d'honneur, les fromages du Ventoux épicés avec la sarriette des montagnes, les petits fromages au *Pébre d'ase* ; tout à côté, les saucissons d'Arles, dont la chair rose est marbrée de cubes de lard et de grains entiers de poivre ; par ici, en ce coin, les olives

... les olives noires assaisonnées d'huile ; en cet autre, les melons de Cavaillon, les uns à chair blanche, les autres à chair orangée...

vertes, ruisselantes encore de saumure, et les olives noires assaisonnées d'huile ; en cet autre, les melons de Cavaillon, les uns à chair blanche, les autres à chair orangée, car il y en a pour tous les goûts ; en celui-ci, le pot aux anchois, qui font boire sec pour avoir du jarret ; enfin les bouteilles au frais dans l'eau glacée de cette auge. N'oublions-nous rien ? Si, nous oublions le maître dessert, l'oignon, qui se mange cru avec du sel...

Jean-Henri Fabre, *Souvenirs entomologiques*, 1879-1907.

... Platanes

Derrière l'Arsenal de terre, sur le rempart, il y a des platanes sur lesquels, à quinze pieds de hauteur, on pourrait établir des salons de vingt personnes comme dans les cafés de Brunswick, Leipsick, etc. Taillés d'abord horizontalement pour donner de l'ombrage, on a laissé croître des branches verticales, quand on n'a plus songé à l'ombre.

Stendhal
Voyage dans le Midi de la France, 1930 (édition posthume).

... Pont d'Avignon

L'idée d'Avignon est inséparable, pour nous, d'une ronde enfantine bien connue :
« Sur le pont d'Avignon, L'on y danse tout en rond. »

Aussi, à peine étions-nous débarqués, que nous courûmes au pont cité par la ballade : il existe, en effet, quoique rompu et séparé de la rive par l'absence de deux arches ; nous pouvons affirmer que *l'on n'y dansait pas tout en rond*, et que même il n'y pourrait danser personne. On a établi des jardinets sur la chaussée, ce qui prouve qu'à aucune époque de l'année on ne s'y livre à des rondes.

Théophile Gautier, *Loin de Paris*, 1865.

... Port de Marseille

C'est un port, l'un des plus beaux du bord des eaux. Il est illustre sur tous les parallèles. À tout instant du jour et de la nuit, des bateaux labourent pour lui au plus loin des mers. Il est l'un des grands seigneurs du large. Phare français, il balaye de sa lumière les cinq parties de la terre. Il s'appelle le port de Marseille.

Albert Londres, *Marseille, Porte du Sud*, 1927.

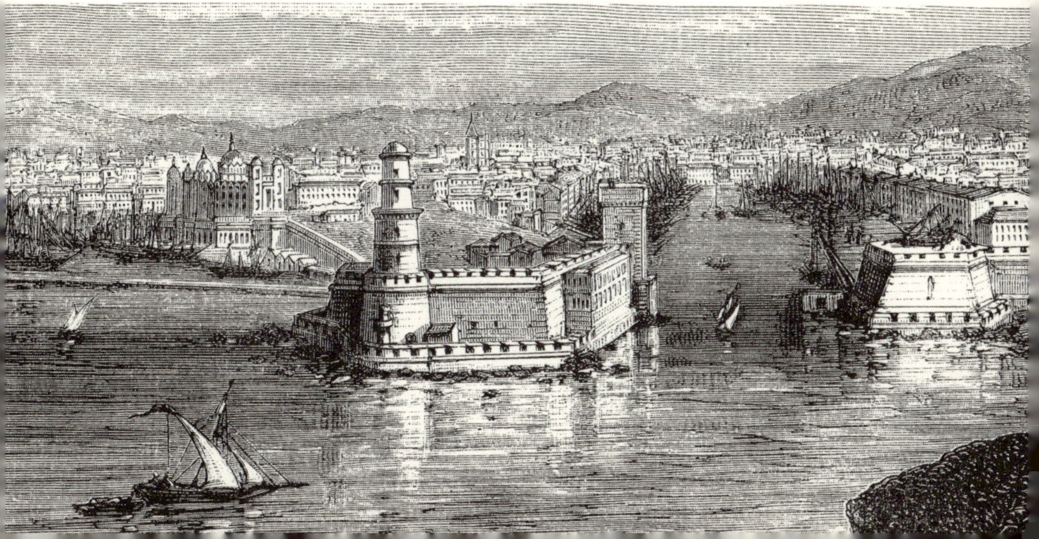

R

comme...

… Rade de Toulon

La rade de Toulon est, on le sait, la merveille du monde. Il y en a de plus grandes encore, mais aucune si belle, aucune si fièrement dessinée. Elle s'ouvre à la mer par une bouche de deux lieues, la resserrant par deux presqu'îles recourbées en pattes de crabes. Tout l'intérieur varié, accidenté de caps, de pics rocheux, de promontoires aigus, landes odorantes, sauvagement parfumées, vignes, bouquets de pins, aloès et cactus ; une noblesse et une sévérité singulières.

Derrière, le haut cirque des monts chauves, dominés de la tête, par Condom et Pharon, les deux gardiens du port.

Jules Michelet, *Notre France : sa géographie, son histoire*, 1866 (édition posthume).

... Rhône

Je trouve que le cours de ce fleuve donne l'idée de la puissance ; son lit est parsemé d'îles couvertes de saules : cette verdure n'est pas bien noble, mais, au milieu de ce pays sec et pierreux, elle réjouit les yeux.

Stendhal, *Mémoires d'un touriste,* 1838.

S

comme...

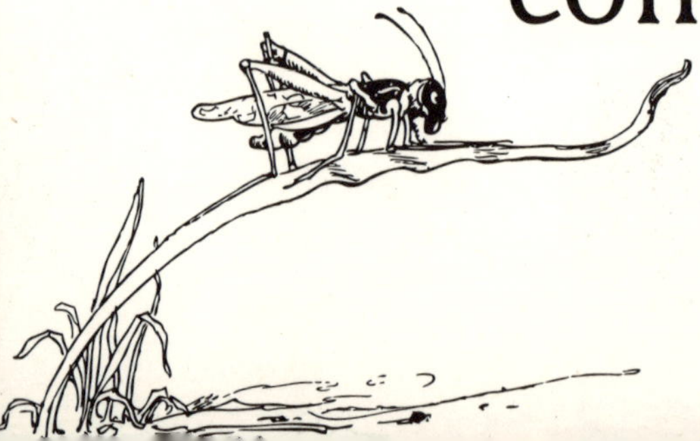

… Saint-Tropez

Là-bas est Saint-Tropez, petite capitale de ce pays désert inconnu et ravissant qu'on nomme les Montagnes des Maures. Un grand fleuve sur lequel aucun pont n'est jeté, l'Argens, sépare du continent cette presqu'île sauvage, où l'on peut marcher un jour entier sans rencontrer un être, où les villages, perchés sur les monts, sont demeurés tels que jadis, avec leurs maisons orientales, leurs arcades, leurs portes cintrées, sculptées et basses.

… cette presqu'île sauvage, où l'on peut marcher un jour entier sans rencontrer un être…

Guy de Maupassant, « Notes d'un voyageur »,
Contes de la Bécasse, 1883.

... Sainte-Victoire

La crête de la montagne, composée tout entière d'un roc nu et compacte, était séparée par un passage ou défilé en deux têtes ou pics, entre lesquels le couvent était bâti de manière à occuper tout l'espace vide. La façade de l'édifice était du genre le plus ancien et le plus sombre de la vieille architecture gothique, ou plutôt, comme on l'a appelée, saxonne ; et, sous ce rapport, correspondait à l'extérieur sauvage des rochers nus dont le bâtiment semblait faire partie, et dont il était entièrement environné, à l'exception d'un petit espace de terrain plus uni où, force de travail et en y apportant des terres des différents endroits où ils avaient pu les ramasser en petite quantité, les bons pères étaient parvenus à se procurer la jouissance d'un jardin.

Walter Scott, *Anne de Geierstein* ou *La Fille des brumes*, 1829.

… Savon de Marseille

La fabrication des savons n'est point sujette au progrès, comme celle des sucres et des huiles. Elle n'a presque pas bougé depuis deux cents ans ; elle était grande fille dès sa naissance, comme Minerve qui sortit tout armée du cerveau de Jupiter. Le seul changement à signaler, c'est que depuis l'invention de la soude factice, les huiles du sésame ont acquis droit de cité dans le pays de la savonnerie. Mais les fabriques de savon, qui parfument désagréablement tout un quartier au sud du vieux-port, ont conservé une physionomie antique et primitive. Figurez-vous une vaste nef où quelques chaudrons cyclopéens, chauffés par des foyers invisibles, bouillonnent et écument en silence. Un peu plus loin, le savon refroidit dans de larges réservoirs.

La fabrication des savons n'est point sujette au progrès. Elle n'a presque pas bougé depuis deux cents ans.

On le découpe en briques, on le pèse, on l'emballe : la vapeur n'a rien à faire ici. Ces énormes maisons sont des temples d'industrie patriarcale et de probité héréditaire. Le fabricant s'applique à maintenir la réputation de sa marque, et ce n'est pas chose facile. La moindre falsification dans les huiles qu'il achète peut gâter toute une cuvée de savon.

Edmond About, *Rome contemporaine,* 1861.

... Soleil

Le seul menteur du Midi, s'il y en a un, c'est le soleil. Tout ce qu'il touche, il l'exagère.

Alphonse Daudet, *Tartarin de Tarascon*, 1872.

T

comme...

… Transhumance

Il faut vous dire qu'en Provence, c'est l'usage, quand viennent les chaleurs, d'envoyer le bétail dans les Alpes. Bêtes et gens passent cinq ou six mois là-haut, logés à la belle étoile, dans l'herbe jusqu'au ventre ; puis, au premier frisson de l'automne, on redescend au *mas*, et l'on revient brouter bourgeoisement les petites collines grises que parfume le romarin…

Bêtes et gens passent cinq ou six mois là-haut, logés à la belle étoile, dans l'herbe jusqu'au ventre.

Alphonse Daudet, « Installation »,
Lettres de mon moulin, 1869.

V

comme...

… Vaucluse

Je rencontrai une vallée très étroite mais solitaire et agréable, nommé Vaucluse, à quelques milles d'Avignon, où la reine de toutes les fontaines, la Sorgue, prend sa source. Séduit par l'agrément du lieu, j'y transportai mes livres et ma personne.

Pétrarque, « Épître à la Postérité », *in Lettres de la vieillesse.*

… Vent d'est

Le mistral, qui vient de la vallée du Rhône et qui passe à travers les montagnes, a l'haleine courte, le cri entrecoupé de hoquets qui arrivent comme des décharges d'artillerie. Le vent d'est, qui passe au pied des alpes de Nice et rase la mer, apporte, au contraire, sur le littoral de Provence des aspirations d'une longueur démesurée, des sanglots d'une douleur inénarrable.

Le vent d'est passe au pied des Alpes de Nice et rase la mer…

George Sand, *Tamaris*, 1862.

... Vin rosé

Le soleil semble se coucher dans un verre de Tavel aux tons rubis irisés de topaze. Mais c'est pour mieux se lever dans les cœurs.

Frédéric Mistral

Index des Auteurs cités

Edmond About (1828-1885), écrivain et critique d'art, embarque à Marseille pour se rendre à Rome en 1859.

Jean Aicard (1848-1921) est né à Toulon. Poète, dramaturge et romancier, ami de Lamartine, il est surtout connu pour son grand roman *Maurin des Maures,* paru en 1908.

Paul Arène (1843-1896) est né à Sisteron et mort à Antibes. Grand ami d'Alphonse Daudet, il a écrit de nombreuses pièces sur son pays et publie en 1887 *Contes de Provence,* ou encore *Les Ogresses* en 1891.

Honoré de Balzac (1799-1850) est l'auteur de *la Comédie humaine,* titre sous lequel il rassemble plus de quatre-vingt-dix romans.

Honoré Beaugrand (1848-1906), journaliste québécois, fondateur de *La Patrie*, et écrivain. Il débarqua à Toulon et voyagea en France durant l'année 1867.

Hector Berlioz (1803-1869), est notamment le compositeur de *La Symphonie fantastique*. Il séjourna à Nice au printemps 1831, pour se remettre d'un chagrin d'amour.

G. Bruno (1833-1923) est le pseudonyme d'Augustine Fouillée qui rédigea *Le Tour de la France par deux enfants*, un manuel scolaire qui connut plus de 400 éditions jusque dans les années 1950 !

Alfred Capus (1857-1922) est né à Aix-en-Provence. Journaliste, dramaturge et romancier, il fut élu à l'Académie française en 1914.

William Chapman (1850-1917) est un journaliste et écrivain canadien.

André Chénier (1762-1794), poète et journaliste, mourut guillotiné à trente-deux ans, laissant une œuvre inachevée.

Joseph Conrad (1857-1924), écrivain polonais et britannique, est né dans une petite ville de l'Ukraine, alors dans l'Empire russe. Embarqué comme matelot à Marseille, il travaille dans la Marine marchande britannique. Ses voyages lui inspireront de nombreux romans et nouvelles, dont *Lord Jim.*

Alphonse Daudet (1840-1897), né à Nîmes, est l'auteur des *Lettres de mon Moulin* (1869) et de *Tartarin de Tarascon* (1871) *(e.a.).*

Alexandre Dumas (1802-1870) a laissé une œuvre immense allant des *Trois Mousquetaires* et du *Comte de Monte-Cristo* au *Grand Dictionnaire de cuisine.*

Jean-Henri Fabre (1823-1915) est mort à Sérignan-du-Comtat dans le Vaucluse. Entomologiste, il était également poète en langue d'oc. Son œuvre la plus imposante, *Souvenirs entomologiques,* a été publiée en dix séries entre 1879 et 1907.

Gustave Flaubert (1821-1880), auteur de *Madame Bovary* et de *L'Éducation sentimentale (e.a.),* a beaucoup voyagé en France, mais aussi en Italie, au Liban et en Turquie.

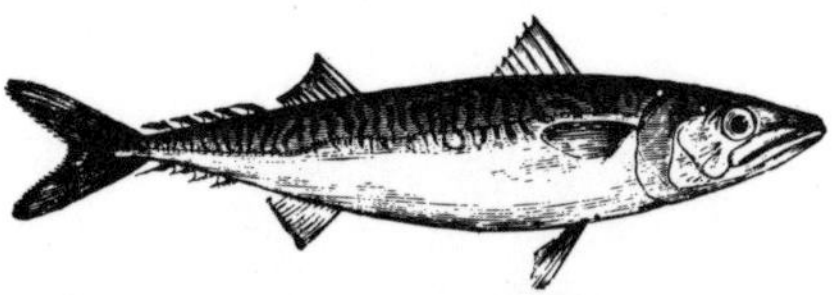

Jules Fournier (1884-1918) est un journaliste, écrivain et critique littéraire québécois.

Théophile Gautier (1811-1872), ami de Victor Hugo, Gérard de Nerval et Charles Baudelaire, est poète, critique d'art et romancier.

Alexandre Balthazar Laurent Grimod de la Reynière (1758-1837) est un journaliste et un amoureux de la gastronomie à laquelle il consacre un *Almanach des Gourmands, servant de guide dans les moyens de faire excellente chère*, paru en sept volumes (1803-1810).

Victor Hugo (1802-1885), poète, dramaturge et romancier, auteur des *Misérables* et des *Contemplations (e.a.)*, découvrit la Provence lors d'un voyage avec sa maîtresse, Juliette Drouet.

Charles de Brosses (1709-1777) dit « le président de Brosses », magistrat et érudit, collabora notamment à *l'Encyclopédie* de Diderot et d'Alembert, et fit un long voyage en Italie.

Alphonse de Lamartine (1790-1869), écrivain et homme politique, est l'auteur des *Méditations poétiques* et de *Graziella (e.a.)*, et l'un des chefs de file du Romantisme ; il effectua un voyage en Orient en 1830.

Gaston Leroux (1868-1927) est mort à Nice. Féru de romans policiers empreints de fantastique, il est le créateur de Rouletabille, un jeune détective qui apparaît notamment dans *Le Mystère de la chambre jaune* et *Le Parfum de la dame en noir*.

Albert Londres (1884-1932) est journaliste. Grand voyageur, il a sillonné le monde pour écrire ses nombreux reportages, s'intéressant aux bagnards de Guyane comme au Tour de France.

Pierre Loti (1850-1923), romancier impressionniste, navigua sans relâche, se sentant en exil où qu'il soit.

Guy de Maupassant (1850-1893) est l'auteur de six romans dont *Une vie*, et de plus de trois cents nouvelles comme

« Boule de Suif ». Grand amateur de voyages, il fit une croisière en Méditerranée sur son yacht, le *Bel-Ami*.

Prosper Mérimée (1803-1870) est mort à Cannes où il est enterré. Historien, inspecteur des monuments historiques, il écrivit de nombreuses nouvelles dont « Carmen » ou « La Vénus d'Ille ».

Jules Michelet (1798-1874), historien, est mort à Hyères. On lui doit une monumentale *Histoire de France*.

Frédéric Mistral (1830-1914) est né et mort à Maillane. Écrivain et poète, il défendit toute sa vie la langue d'oc et fonda le Félibrige, un mouvement destiné à sauvegarder la langue et la culture provençales. Il reçut le prix Nobel de littérature en 1904.

Pétrarque (1304-1374), poète et humaniste italien, fit un long périple en France ; il s'installa à Fontaine-de-Vaucluse où il écrivit quelques-unes de ses plus belles pages.

François Rabelais (vers 1483-1553) est un écrivain et humaniste, auteur de *Pantagruel* et *Gargantua*, considérés comme les premiers romans modernes.

Jules Renard (1864-1910) est l'auteur du célèbre *Poil de Carotte* et d'un *Journal* écrit entre 1897 et 1910.

George Sand (1804-1876), s'est imposée avec de nombreux romans comme *La Mare au diable*, *La Petite Fadette*, *Consuelo* ou encore *Lélia*. Femme libre, ses amours firent souvent scandale, et sa liaison avec Alfred de Musset est entrée dans l'histoire.

Walter Scott (1771-1832), écrivain écossais, a laissé de nombreux romans historiques dont *Ivanhoé* et *Quentin Durward*.

Madame de Sévigné (1626-1696) écrivit de nombreuses lettres et rendit souvent visite à sa fille, madame de Grignan, installée à Grignan dans la Drôme provençale.

Armand Silvestre (1837-1907), chorégraphe, poète, librettiste et romancier.

Tobias Smollett (1721-1771) est un romancier écossais, auteur de *Roderick Random*, qui effectua en 1763 un voyage dans le sud de la France où il séjourna plusieurs mois à Nice, avant de poursuivre sa route vers l'Italie.

Stendhal (1783-1842), a écrit plusieurs romans dont *Le Rouge et le Noir*, tout en menant une carrière militaire, puis diplomatique, qui le conduisirent en Italie.

Hippolyte Taine (1828-1893), philosophe et historien, est l'auteur des *Origines de la France contemporaine* en douze volumes *(e.a.)*.

Adolphe Thiers (1797-1877) est né à Marseille. Avocat et historien, il fut élu président de la République en 1871 et le resta jusqu'en 1873.

Vincent Van Gogh (1853-1890), peintre néerlandais, ami de Paul Gauguin, vécut plusieurs années à Arles, puis à Saint-Rémy-de-Provence, d'où il entretint une correspondance assidue avec son frère Théo.

Émile Zola (1840-1902) passa une grande partie de son enfance à Aix-en-Provence. Chef de file du naturalisme, il est l'auteur des *Rougon-Macquart*, mais aussi de plusieurs nouvelles et contes.

Table des matières

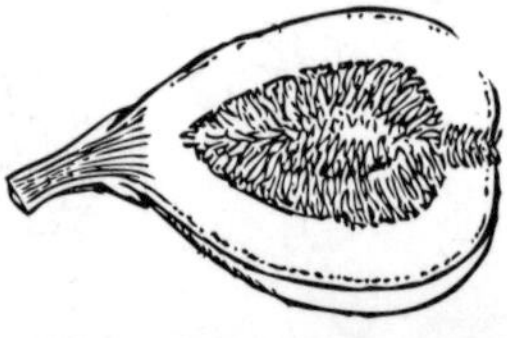

M comme

N comme

Crédits : page 12 Melon iStock 886725972 – page 11 Rascasse iStock 1362555226 – page 49 Mas Adobe Stock 259526323 – page 53 Gambetta Dreamstime 163247758 – page 54 Mimosa : Ievgeniia Lytvynovych – page 65 Olivier : Alhontess – page 62 Oursins Adobe Stock 51782312

La Clairière des LIVRES

*Pour chaque titre d'un livre imprimé,
un arbre est planté dans une forêt
de 15 hectares en Centre Bretagne.*

www.typolibris.fr (by Printcorp)

Pour limiter l'empreinte environnementale de leurs livres,
les éditions de l'Aube font le choix de papiers issus
de forêts durablement gérées et de sources contrôlées.

Achevé d'imprimer en mai 2022
sur les presses de l'imprimerie PrintCorp
pour le compte des éditions de l'Aube
331, rue Amédée-Giniès, F-84240 La Tour d'Aigues

Numéro d'édition : 3685
Dépôt légal : juin 2022
Numéro d'impression : 22040348

Imprimé dans l'Union européenne